AF226119

Mō ngā tamariki katoa o te ao

Mō tā māua tama ko Isaiah,
ōna whanaunga,
me ngā tamariki katoa o te ao.

Ka arohatia koe e te ngākau, mo ake tonu

I tāia e Aunty Lolly Books, 2023
Ngā Manaakitanga i roto i te Aroha, Mōu, E Īnoi Ana Tātou.
Manatārua Kuputuhi me te Whakaahua © 2022 na Lauren Lee Byrne Allan
I taia ki Australia.
Kua rāhuitia ngā motika katoa.

Mō ngā kārero mō te whakaaetanga, tuku īmēra ki
www.auntylollybooks.com

ISBN: 978-0-473-64916-6
ISBN: 978-0-473-64918-0
ISBN: 978-0-473-64920-3

Ngā Manaakitanga i roto i te Aroha, Mōu, E Īnoi Ana Tātou

Nā Lauren Lee Byrne Allan i tuhi Nā Jezreel Cuevas ngā whakaahua

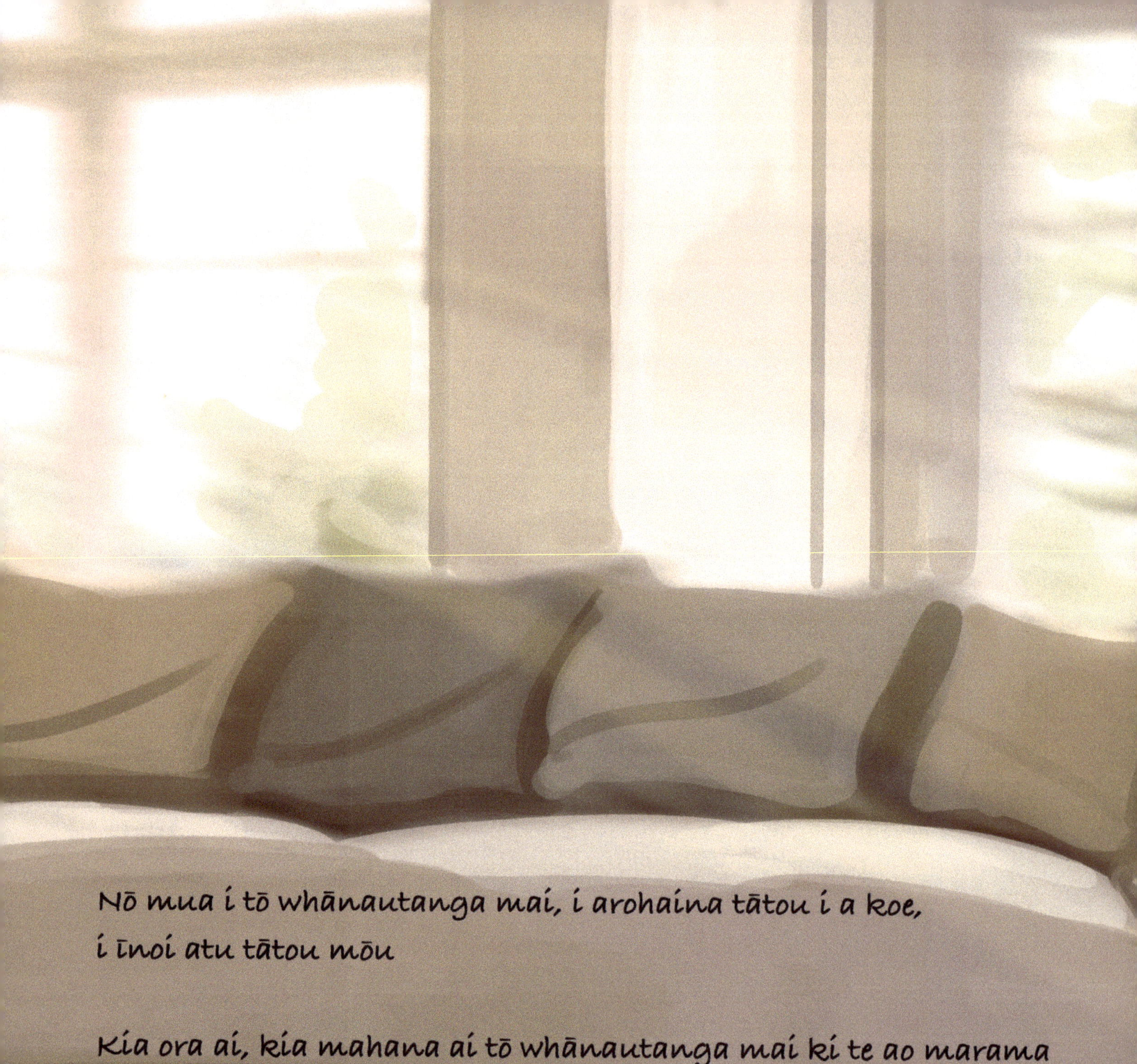
Nō mua i tō whānautanga mai, i arohaina tātou i a koe,
i īnoi atu tātou mōu

Kia ora ai, kia mahana ai tō whānautanga mai ki te ao marama

Mōu,
e īnoi ana Tātou

Kikī ana tō wairua i te aroha pono, i te rangimārie, i te mauri tau

Ā, ka mōhiotia tonutia e koe, he wāhi motuhake tōu ki te Atua

Mā te taunga o ngā
manaakitanga tō ao e
hirahira ai

Kīkī ana i te hari me te koa
kia tōnui ai koe

Mā te mārama me te whakaaro nui, ka tika ai ō mahi

He kāpehu uara e rangona ai te whakaoranga, te haumaru me te kaha

Ko tō ngākau ka tau, ka manaaki, ka atawhai

Ka whiti marama ki ngā momo oranga katoa

Ka noho koe ki te whakaute, te mārino, te kotahitanga

Mā te aroha, ka tū tangata koe i ngā hapori katoa

Ka rongo koe i te māia,
te tau, i te haumaru

Mā te māia ā-roto,
kāore he āhuatanga
e kore e taea e koe

Kua tukuna ki a koe te ora, me te hauora

Ētahi o ō āhuatanga whairawa e rua

Ka kite koe i te pitomata me te ātaahua i ō mahi katoa

Mōhiotia ai koe i tō rongomaiwhiti, kia pono ai tō kawenga i te ao

He tangata whakawhetai, tuku hara, tuku mihi koe

I a koe e noho reretau ana,

ka mōhio koe

kei te tipu haere koe

Ka mānawatia tō oranga, ā, ka kawea tērā oranga hei taonga nui

A, i ngā wā o te whakamātautau, he manatua kē to kawe

Whakapono ai ki te Atua, ki a koe anō ia rā, ia rā

Tukuna, ō manako, ō koha me ō pūmanawa

Mōu,
e īnoi ana Tātou
Āmine

Mō te Kaituhi

Nō mai anō a Lauren i rata ai
ki te tuku kōrero, ā, i a ia e tamariki ana,
ko te tū hei kaituhi ka pakeke ana ia tētahi o ōna
moemoeā.

I a ia e takahi ana i te ara ki te noho
hei kaituhi kōrero mā te tamariki,
i noho ia hei kaiako ki ngā rau tamariki
puta noa i te ao.

He pai ki a ia te tuhi kōrero whai kiko
hei akiaki i te tipuranga pai o te ngakau
me te hinengaro o ngā tamariki.

Ko tāna, "Whāia te āki a tō ngākau,
whakaponotia ō moemoea, ā, ākina,
mō te tūpono ka whakatinana mai ai mōu!

Kimihia a Lauren i
www.auntylollybooks.com

Ngā Manaakitanga I roto I te Aroha, Mōu, E Īnoi Ana Tātou

Blessings With Love, For You, We Pray

Nō mua i tō whānautanga mai, i arohaina tātou i a koe, i inoi atu tātou mōu
We loved and prayed for you before you were born
Kia ora ai, kia mahana ai tō whānautanga mai ki te ao marama
That you would come into this world healthy and warm

Mōu, e īnoi ana Tātou
For you, We pray

Kiki ana tō wairua i te aroha pono, i te rangimārie, i te mauri tau
Your spirit is full of true love, peace and grace
Ā, ka mōhiotia tonutia e koe, he wāhi motuhake tōu ki te Atua
While you always know with God, you have a very special place

Mā te taunga o ngā manaakitanga tō ao e hirahira ai
Divine blessings will give you a most wonderful life
Kiki ana i te hari me te koa kia tōnui ai koe
Full of goodness and joy so you will thrive

Mā te mārama me te whakaaro nui, ka tika ai ō mahi
From clarity and wisdom, you will do what is right
He kāpehu uara e rangona ai te whakaoranga, te haumaru me te kaha
A moral compass that offers salvation, protection and might

Ko tō ngākau ka tau, ka manaaki, ka atawhai
Your heart will be beautiful, caring and kind
Ka whiti marama ki ngā momo oranga katoa
Which will shine brightly to all of life's kind

Ka noho koe ki te whakaute, te mārino, te kotahitanga
You live with respect, calm and unity
Mā te aroha, ka tū tangata koe i ngā hapori katoa
With love, be your best person in any community

Ka rongo koe i te māia, te tau, i te haumaru
You will be confident, secure and safe
Mā te māia ā-roto, kāore he āhuatanga e kore e taea e koe
So, with a healthy self-esteem, there will be nothing you cannot face

Kua tukuna ki a koe te ora, me te hauora
You are blessed with well-being and health
Ētahi o ō āhuatanga whairawa e rua
Honoured as two of your greatest forms of wealth

Ka kite koe i te pitomata me te ātaahua i ō mahi katoa
You see hope and beauty in all that you do
Mōhiotia ai koe i tō rongomaiwhiti, kia pono ai tō kawenga i te ao
Recognise your uniqueness and always remain true

He tangata whakawhetai, tuku hara, tuku mihi koe
You are grateful, forgiving and thankful all in one
I a koe e noho reretau ana, ka mōhio koe kei te tipu haere koe
While living in harmony, you know all your growing will continue to be done

Ka mānawatia tō oranga, ā, ka kawea tērā oranga hei taonga nui
You appreciate your life and live it as a treasured gift
Ā, i ngā wā o te whakamātautau, he manatua kē tō kawe
So, in moments of trial, you have an extraordinary lift

Whakapono ai ki te Atua, ki a koe anō ia rā, ia rā
Believe in God and yourself every single day
Tukuna, ō manako, ō koha me ō pūmanawa
Share your hope, gifts and talents in your own special way

Mōu, e inoi ana Tātou
For you, We pray
Āmine
Amen